I0014870

Guia e Truques para
Hackar Redes Wifi

Conteúdo

As redes WiFi não são impenetráveis, com os truques e procedimentos certos, pode ter uma ligação sem conhecer a palavra-passe, se sempre quis estar ligado sem limitações, esta é a melhor forma de o fazer, tendo em conta o tipo de sistema a partir do qual pode ser pirateado.

A segurança de cada router deixa uma possibilidade, ou seja, o seu nível de segurança é desafiado com um defeito de fábrica, uma vez que também possuem uma certa vulnerabilidade aos vários procedimentos que surgem todos os dias, porque para cada modelo de rede WiFi, há uma oportunidade de desafiar a segurança deste tipo de ligação.

O que significam as redes WiFi

O WiFi é um mecanismo que funciona sem fios, permite abrir o caminho de acesso à Internet a diferentes dispositivos, é uma tecnologia ligada a diferentes modos de utilização, onde a ausência de cabos é estabelecida como uma solução clara, essa ligação é efectuada através da utilização de infravermelhos.

A transmissão de informação é garantida, porque uma das qualidades desta tecnologia é o imediatismo, mas a condição é que o utilizador tenha um lugar acima do alcance e da capacidade das redes WiFi, o raio normal está entre 5 e 150 metros de distância da emissão do sinal.

A configuração é um aspecto chave no tópico de hacking de redes WiFi, é muito simples e quando não é coberto há uma verdadeira dor de cabeça, também o cartão WiFi dos dispositivos tem muito a fazer para que a ligação possa ser utilizada na sua máxima expressão, de modo a que a compatibilidade da rede não seja afectada.

É legal invadir uma rede WiFi?

A ligação sem fios à Internet é o que caracteriza uma rede WiFi, esta emissão de informação ou dados através de ondas cria a oportunidade de muitas pessoas terem acesso a ela, o que não é irrelevante porque um dos seus pontos baixos é a segurança.

A dimensão de uma rede WiFi e a sua expansão, faz com que seja acessível em qualquer tipo a partir de qualquer lugar com o seu ponto de raio de cobertura, estes estão mesmo sem password devido à falta de configuração dos administradores, o que pode reduzir a velocidade de carregamento de dados da Internet, porque terceiros podem ligar-se à rede.

No entanto, com a criação da senha, também não está seguro, porque muitos métodos lhe permitem atacar essa rede e fazer parte dela, que é classificada como fraude informática, uma vez que não tem o consentimento do proprietário, e reflecte uma taxa extra sobre o consumo e, em alguns casos, a diminuição da velocidade de acesso.

Essa ligação é interpretada como um património de outra pessoa, pelo que é um dano ilegal esse tipo de utilização, especialmente porque essa utilização não autorizada está a causar um aumento da taxa do fornecedor do serviço WiFi, ao nível da Europa, este tipo de acções foram incluídas no Código Penal.

As sanções legais por hacking de redes WiFi, incluindo prisão por um período superior a três anos, mais um montante económico para a parte afectada, este é o risco que se corre no momento de hacking deste tipo de ligação, também a medida deste crime se baseia nos métodos utilizados para levar a cabo esta acção.

Normalmente o tipo de penalidade legal que é aplicada é um montante inferior a 400 euros, e uma multa não superior a três meses, o que pode ser medido ou provado é o aumento do consumo de Internet devido à existência de uma ligação adicional não autorizada, para alcançar esta determinação são utilizados programas que gerem a actividade da rede.

Da mesma forma que os programas são utilizados para hackear uma ligação, da mesma forma que os utilitários foram concebidos para contrariar a entrada de terceiros não autorizados, ou seja, são aplicações que protegem a utilização de redes WiFi, tendo mesmo a possibilidade de encriptar a rede.

Os sinais mais habituais para os utilizadores pensarem que a sua rede está a ser pirateada é a queda de velocidade, esse tipo de inconveniência é o que causa uma chamada de despertar, e programas que medem o consumo, entregam relatórios diários ou registam-no, dessa forma podem começar a ter indicações e provas do consumo extra de um intruso.

Tipos de segurança de redes WiFi para invadir

Cada uma das redes WiFi, tem normas de segurança, esta é imposta como uma barreira para que não haja acesso não autorizado, as mais comuns para atacar para obter acesso à ligação, são as seguintes:

- **WEP**

Faz parte de um protocolo de segurança conhecido como norma 802.11, foi ratificado desde 1997, a sua sigla corresponde à sua sigla: Wired Equivalent Privacy, estabelece um algoritmo de segurança que é obsoleto em redes sem fios, cuida da confidencialidade, mas da mesma forma é possível hackear em apenas alguns minutos.

- **WPA**

É a substituição do WEP, é conhecido como um padrão de segurança estável, foi lançado em 2003, o seu acrónimo é ilustrado como Wi-Fi Protected Access, é uma prevenção contra os ataques sofridos pelo WEP, o seu funcionamento baseia-se em chaves temporárias, designa uma chave por pacote, e tem verificação de mensagens.

- **WPA2**

A sua origem está ancorada na substituição da WPA, tem uma implementação de mais elementos, até um suporte e encriptação, fundindo aspectos dos anteriores para melhorar o nível de resposta a ataques, pelo que a invasão deste tipo de segurança, requer passos ou execuções mais sofisticados.

Isto torna mais fácil visar as redes WiFi que têm WEP, por exemplo, uma vez que a fraqueza é a primeira coisa a explorar, para contornar as normas de segurança que procuram aperfeiçoar cada falha.

Como verificar a segurança de uma rede WiFi

Uma auditoria pode ser realizada numa rede WiFi, para estudar e certificar a sua segurança. Normalmente, é utilizado software como o Auditor WiFi, que corre em sistemas Windows, tem uma operação avançada em computação, e é compatível com qualquer computador com Java.

Esta nova funcionalidade de auditoria limita um pouco a margem de hacking que pode ocorrer numa rede WiFi, especialmente porque estes programas alargaram a sua versão para Mac OS X, esta ajuda deixa de lado algum nível de vulnerabilidade que apresenta a rede, mas no seu funcionamento de protecção, é também capaz de fornecer palavras-passe.

- ## Auditor WiFi como ferramenta de hacking

O poder do Auditor WiFi fornece informações sobre as senhas das redes WiFi que são vulneráveis, bem como as que não têm segurança, pelo que seria uma ferramenta útil utilizar estas senhas para se ligar gratuitamente à Internet.

As opções básicas deste software são muito fáceis de compreender, basta clicar na opção "auditoria de rede" para que o programa execute as suas funções, é um trabalho automático que fornece dados de vulnerabilidade de segurança que lhe dá controlo e poder sobre essas redes.

A detecção de deficiências de segurança também tem muito a ver com o router utilizado, pois o seu nível de vulnerabilidade pode causar a obtenção da palavra-passe em poucos segundos, com impacto nos algoritmos que foram tornados públicos tendo em conta o endereço MAC.

O tipo de senhas que podem ser combatidas pelo WiFiAuditor são aquelas com as seguintes características ou descrição:

- As redes que, por defeito, mantêm o nome original imposto pelo próprio router.

- As palavras-passe por defeito são normalmente as mesmas que as inseridas na parte de trás do router.

- Redes próximas, sem obstáculos ou interferências, tais como grandes paredes, permitindo que o transmissor e a utilização do software tenham contacto total.

- O router tem um algoritmo público e identificável.

Isto deve-se ao facto de o estudo ou identificação realizado por este software ser capaz de ter acesso à palavra-chave ou, pelo menos, ao router, este tipo de forma gratuita permite que a ligação à Internet seja fornecida por esta ferramenta.

- **Características do Auditor WiFi vs. WiFislax**

Uma comparação entre o WiFislax e o Auditor WiFi, que são amplamente utilizados actualmente, devido à simplicidade das suas funções, fazendo com que a divulgação de passwords WiFi seja mais comum do que o habitual, antes de comparar ambos, é aconselhável verificar a legislação local sobre a utilização destes softwares para evitar qualquer problema.

O primeiro ponto diferencial entre um software e outro é que o WiFislax não é compatível com Windows, mas o Auditor WiFi pode funcionar com este tipo de sistema operativo, e não requer qualquer tipo de instalação, funciona com a versão mais moderna do Windows, porque funciona como uma máquina virtual JAVA.

Por outro lado, em termos de resultados, ambas as alternativas são eficientes para estudar qualquer tipo de rede que esteja próxima, embora se tiver uma antena potente, o alcance seja significativamente aumentado, é aconselhável optar por um painel direccional, sendo uma das melhores opções para tirar partido de ambos os softwares.

• O processo de instalação do Auditor WiFi

Um dos requisitos para instalar o WiFi Aditor é ter JAVA, que exclui qualquer tipo de utilização no Android, mas se estiver disponível com Windows e MAC Apple, o seu funcionamento é rápido e simples, ao contrário do WiFislax que tem opções mais avançadas e requer mais tempo, mas apenas suporta Linux.

A execução destes softwares permite realizar duas alternativas, em primeiro lugar as redes de auditoria, e ligar, de modo a poder gerar a descodificação da chave que é possível, esta é emitida directamente no ecrã, e acciona a ligação, a sua aplicação é simples, sem qualquer manual é posto em prática.

O melhor deste tipo de software é que não é classificado como ilegal, é um cálculo matemático, pelo que como tal não descodifica palavras-passe ou não é concebido para o fazer, mas as suas operações expõem as próprias falhas dos modelos de router, tornando fácil adivinhar o tipo de chave que possui.

Os próprios fornecedores de Internet, são o que expõem online o tipo de palavra-passe que têm por defeito, e quando o

administrador não os altera, é que esta lacuna de oportunidade para hackear a rede é apresentada, o que é ilegal é a
utilização dessa rede WiFi sem consentimento, mas a obtenção legal é outro aspecto.

O programa Auditor WiFi não fornece senhas que tenham
sido personalizadas pelo utilizador, este tipo de mudança
não é fácil de detectar, nem é compatível com as funções do
software, a sua acção é sobre redes vulneráveis e descuido
do utilizador, as marcas com maior margem de fraqueza são
Dlink, Axtel, Verizom, Tecom e outras.

Os caracteres mais utilizados nas palavras-passe de rede WiFi

A formação de uma senha numa rede WiFi, quando personalizada, complica qualquer tipo de tentativa de hacking, no
entanto, a maioria dos utilizadores não executa este passo,
mas utiliza esta rede sob valores padrão, os programas
mantêm um dicionário dos mais possíveis, para violar a segurança de tal rede.

Os valores mais frequentemente utilizados são numéricos,
alfabeto latino em minúsculas ou maiúsculas, alfanuméricos,
hexadecimais tanto em maiúsculas como em minúsculas,

mesmo caracteres especiais podem ser incorporados, as senhas de fábrica têm um conjunto hexadecimal de 16 tipos de caracteres possíveis.

Este tipo de informação ou dados, reduz a possibilidade em grandes proporções, deixando que o algoritmo se encarregue de descartar as compatibilidades com a senha, por essa razão é uma falta de segurança deixar a chave que é imposta de forma predeterminada, por essa razão o que se recomenda é que coloquem 12 caracteres.

Por outro lado, quando uma chave é inserida na rede WiFi, a força bruta deve ser implementada para uma descodificação atempada, dependendo da potência ou capacidade do computador, caso contrário o tempo para descobrir a chave aumenta proporcionalmente, normalmente as chaves que têm um comprimento de 8 dígitos levam de 7 a 93 dias.

Quando variáveis como as maiúsculas e minúsculas são unidas, a espera pode ser até anos, ou seja, quando se lida com palavras-passe mais complexas, mesmo o melhor programa não será capaz de agir eficazmente, uma vez que cada um desenvolve operações matemáticas, no meio do processo de craqueamento.

Face a este cenário negativo de senhas complexas, a única forma de acelerar este processo é com uma implementação correcta do equipamento, onde a placa gráfica se destaca, esta deve ser potente, de modo a ter um desempenho de 350.000 hashes WPA ou WPA2 por segundo, uma vez que isto significa que estuda até 350.000 passwords.

Quando são incorporados hardwares de tamanho FPGA, é apresentado um desempenho de até 1.750.000 hashes por segundo, sendo uma diferença considerável, isto é essencial para saber de antemão, uma vez que se a senha não for longa, e não for encontrada no dicionário, significa que se trata de um processo muito atrasado.

Factores que podem comprometer uma rede WiFi

Encontrar a vulnerabilidade de uma rede WiFi compromete completamente todos os níveis de segurança. Este resultado fatal pode ocorrer quando diferentes factores concorrem, ou seja, os cenários seguintes podem levar a actos maliciosos:

1. Sequestro de DNS

Uma rede pode receber um ataque da navegação na Internet, porque o Sistema de Nomes de Domínio (DNS) permite a comunicação entre um dispositivo e a rede, esse tipo de função pode ser dominada por um cracker, para alterar o DNS do verdadeiro fornecedor, em troca do seu próprio, como um engodo malicioso.

Quando este tipo de mudança ocorre, o utilizador pode abrir um portal, e não terá a certeza se é o correcto, mas pode estar num site controlado pelo atacante, mas mantém a aparência do site original, isto é imperceptível para o utilizador, mas quando introduz a sua informação, esta será enviada para o atacante.

Este tipo de risco tem mais a ver com a segurança dos dados pessoais, uma vez que é também um processo implementado por programas de hacking de redes WiFi, em alguns casos o próprio navegador emite uma comunicação, ou algum sinal de aviso aos utilizadores para que estes saibam que algo está errado.

2. Botnets

Este factor revela que alguns routers têm acesso remoto, muitos estão ligados sob um modo padrão, isto cria uma oportunidade de entrar no router através desse caminho remoto, isto acontece através da utilização do servidor Secure

Shell conhecido como SHH, bem como um servidor Telnet ou com uma interface web é realizado.

Quando um utilizador não altera estas palavras-passe por defeito, os serviços de acesso directo são autorizados a ligar-se através da Internet, deixando de lado qualquer tipo de protecção, uma vez que qualquer pessoa pode ter acesso, uma vez que apenas teria de utilizar um programa para detectar os dados por defeito, o que é simples.

Além disso, este tipo de dados é publicado na Internet, fazendo com que os ataques informáticos sejam mais eficazes, estes tipos de situações ou características são expostos e deixam a segurança sem resposta.

3. Monitorização do tráfego

Actualmente, estão a ser desenvolvidas ferramentas de espionagem, uma delas que afecta directamente uma rede WiFi é a monitorização do tráfego, uma das mais populares é o tcpdump, que está directamente associado ao router, para recolher todas as comunicações encriptadas que são transmitidas através do router.

4. Proxy

A invisibilidade dos atacantes é outro factor que afecta directamente as redes WiFi, nesta manobra os atacantes não efectuam qualquer tipo de instalação, uma vez que apenas precisam que o SSH esteja disponível, assim é adoptado como um disfarce, é criado um endereço invisível, e antes de qualquer ataque o seu endereço não é exposto mas sim aquele que foi violado.

5. Protocolos vulneráveis

Diferentes protocolos tais como UPnP, Bonjour, Zeroconf, e SSDP, fornecem um caminho aberto, isto é testado pelas aplicações que fazem parte da dinâmica da Internet dos dispositivos e routers, e na ausência de actualização destes protocolos, surge uma falha notória, sendo uma oportunidade para um ataque.

Para o compreender melhor, é necessário processar que um protocolo como o Universal Plug and Play (UPnP), resume a configuração do equipamento de nível PlayStation, bem como o Skpe, este tipo de programas, abre a porta a mais utilizadores para fazerem parte do desenvolvimento das suas funções, e isto faz com que o endereço IP seja público.

Qualquer tipo de falha com a utilização de UPnP, directa-mente no router, causa falhas, o que permite que mais ata-cantes tenham acesso à rede interna, pelo que são protoco-los que permitem funções, mas, por sua vez, põem tudo em risco.

6. Palavras-passe fracas

Os routers que fazem parte do WiFi, utilizam diferentes me-canismos de encriptação, pode ser uma rede aberta, sem qualquer tipo de encriptação, bem como a conhecida WPA2, é aconselhável não aplicar métodos que não tenham garan-tias como a WEP e a WPA, porque são desencriptados com bastante facilidade.

A encriptação pessoal WPA2 é uma das mais fiáveis, mas tudo depende da decisão que pode ser tomada sobre a pa-lavra-passe, uma vez que uma que tenha pelo menos oito dígitos pode ser desencriptada em poucos minutos, espe-cialmente quando se utilizam programas de ataque por força bruta.

Quando um utilizador não leva a sério a chave de rede WiFi, surgem problemas, uma vez que é um ponto fácil para os atacantes ligarem-se ao router, e isto faz com que os dispo-sitivos ligados à rede também fiquem expostos, embora os ataques também visem vulnerabilidades no firmware do router.

Dicas para decifrar chaves de rede WiFi para Linux

O interesse em decifrar a chave de redes WiFi de terceiros está a aumentar, é uma tarefa que acima de complexa apenas requer conhecimento, porque com as dicas certas e preparação extra, pode ter a capacidade de obter qualquer tipo de chave, embora a utilização de tais dados, esteja ao seu próprio risco legal.

Quando se pretende piratear uma rede WiFi, o procedimento muda em função do tipo de sistema operativo a partir do qual esta acção será levada a cabo, pelo que é classificado da seguinte forma:

- **Preparação para Linux**

No caso de hacking a partir de um sistema Linux, é necessário ter ou incorporar o seguinte:

1. **Aircrack-ng:** Representa um conjunto de vários programas, sendo útil para atacar redes WiFi, esta série de programas hospeda pacotes para

gerar ataques, este tipo de programas são os que descodificam as chaves, seja WEP ou WPA.

2. **Cartão de rede USB:** Esta é uma adição que pode ser PCI.

3. **Reaver-wps:** Estes são tipos de programas que tiram partido das falhas na incorporação da WPA, graças à WPS.

Uma vez obtidos estes três requisitos, é tempo de auditar a rede para obter a chave WiFi, o principal é instalar o Aircracck-ng, tem uma versão 32-bit e 64-bit, uma vez instalado, é tempo de ter a placa de rede USB, tais placas têm mais capacidade do que outras, a que se destaca é o chipset RTL8187.

A estabilidade deste tipo de cartão é atractiva, e todos os programas são capazes de trabalhar com ele, basta ligá-los, ir para a última etapa de descarga dos reaver-wps, esta é a que ajuda a detectar as vulnerabilidades existentes, a aplicar ataques bruscos contra o WPS, e a encontrar o pino de segurança.

A melhor maneira de obter a chave de rede WiFi, é colocar o dispositivo de rede sob um modo monitor, para além de estudar a possibilidade de aplicar pacotes na rede WiFi, depois pode usar o comando airmon-ng, trabalhando assim na obtenção da chave, os passos a seguir são os seguintes

1. **Execução da Iwconfig:** Esta função ajuda a detectar o cartão WiFi, observando esse número pode executar outro comando, que indica o nome do dispositivo.

2. **Criar o dispositivo para extrair a chave:** A criação de um dispositivo é o que permite dominar a injecção na rede, para isso é vital introduzir o comando "sudo airmon-ng start (nome do dispositivo)", para activar esta opção deve ser a raiz.

3. **Verificação do estado:** A informação é fornecida no ecrã, ao introduzir o comando "iwconfig", indicando a activação do modo monitor no dispositivo, através do qual a chave WiFi será procurada para ser desencriptada.

4. **Execução da quebra da chave:** Para medir o funcionamento dos passos anteriores, é apenas

necessário iniciar o dispositivo, para isso é necessário ter aireplay-ng, isto é fornecido por aircrack-ng, basta executar o comando "aireplay-ng -test mono", isto sob o modo administrador. O resultado da acção acima referida, emite o resultado de "a injecção está a funcionar", para que se possa descobrir se a injecção do pacote funciona, é uma forma de quebrar a chave WiFi, trazendo à tona as vulnerabilidades por detrás da configuração da rede.

Outra alternativa mais simples para realizar este procedimento através do Linux, onde é vital descarregar o Kali Linux, por ser uma das ferramentas mais essenciais, é ter a memória USB para ser uma unidade de arranque, e na sua memória estará o ficheiro ISO do Kali Linux para o instalar mais tarde.

Investir num cartão WiFi facilita todo o processo, é uma forma de monitorizar toda a informação na rede Wi-Fi, após este ponto é vital iniciar sessão como utilizador root, esta é a chave para realizar o processo de hacking, que a ligação entre o cartão WiFi e o computador é o que põe todo o processo em movimento.

Após estas etapas anteriores terem sido concluídas, as seguintes etapas devem ser executadas:

- Abrir o terminal do computador que tem o Kali Linux, a primeira coisa é introduzir o ícone da aplicação, clicar, para que apareça uma janela preta, deve introduzir a escrita ou símbolo de "maior que", ou pode também premir Alt+Ctrl+T.

- Fornece o comando de instalação mencionado acima como "aircrack-ng", onde se introduz o comando e se prime enter, o comando é sudo apt-get install aircrack-ng.

- Introduza a palavra-passe quando o software o requerer, esta é a chave utilizada para iniciar sessão no computador, depois pode premir "enter" e, como tal, permite o acesso root, sendo útil para fazer com que os comandos possam ser executados após o terminal.

- Localize o nome no monitor da rede que pretende hackear, pelo menos um nome pessoal deve aparecer, caso contrário significa que o cartão WiFi não suporta este tipo de monitorização.

- Comece a monitorizar a rede digitando o comando airmon-ng start e o nome da rede e pressionando enter.

- Possibilita a interface, após imposição do comando iwconfig.

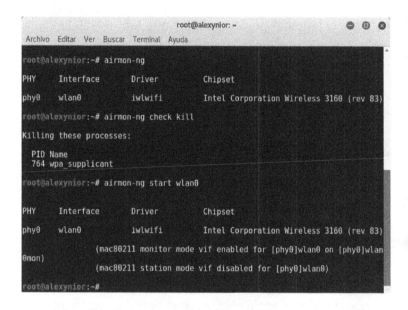

Como hackear uma rede WiFi a partir do Linux sem uma placa gráfica

O método de hacking Linux pode ser complexo devido à questão da placa gráfica, por essa razão existem formas de executar este procedimento quando se utiliza aircrack-ng num computador, mas para que isto se torne uma realidade, os passos seguintes devem ser executados:

1. **Descarregar o ficheiro do dicionário:** O ficheiro mais utilizado para este fim é Rock You, que pode ser descarregado, e depois ter em conta a lista de palavras, porque se a palavra-chave WPA ou WPA2 não estiver neste resultado, não será possível aceder à rede WiFi.

2. **Iniciar o procedimento de desencriptação da palavra-passe:** Para iniciar o progresso, o comando aircrack-ng -a2 -b MAC -w rockyou.txt name.cap deve ser incluído, é essencial certificar-se de utilizar a informação correcta da rede, no caso de se tratar de uma rede WPA, alterar esse "a2" para apenas um "a".

3. **Aguardar pelos resultados do terminal:** Quando aparece um cabeçalho como "KEY FOUND", é possível obter a palavra-chave.

Com uma instalação extra, e com menos eficiência, a hacking da rede WiFi pode ser realizada, sem a necessidade de ter o cartão WiFi, esse tipo de instalação deve ser melhorado para alcançar os resultados esperados.

O que precisa de saber para hackear WiFi do Android

A disponibilidade de algumas redes WiFi, faz com que haja alguma tentação de decifrar as suas chaves, isto é possível mesmo a partir de um Android, existem várias aplicações para este fim, podem ser facilmente utilizadas para ter a palavra-chave da rede, e desfrutar dessa ligação.

A única condição para ter a vantagem de descodificar chaves, é através de certos dispositivos que têm características especiais, geralmente dispositivos enraizados, com armazenamento disponível, bateria e memória para óptimos resultados.

Através de alguns passos, pode tentar hackear a rede WiFi, de modo a que o seu telemóvel possa ser transformado num meio de ataque informático, só tem de implementar as seguintes acções:

1. Antes de mais, qualquer uma das seguintes ferramentas deve ser descarregada através do Google Play ou da App Store, para que possa instalá-las nos seus dispositivos.

2. É vital abrir a aplicação, para que esta possa ser executada.

3. Normalmente, a primeira coisa que a maioria destas ferramentas faz é analisar cada rede WiFi, no meio de uma lista são apresentadas todas as opções de conectividade.

4. Em cada rede WiFi existe uma cor que indica o grau de bloqueio, isto é um sinal da possibilidade disponível de hacking, é um ponto de partida para levar a cabo o ataque.

5. Ao clicar na rede a ser hackeada, a próxima coisa a fazer é clicar em "Ligar".

🔒 [WPA2]	**5gNYSAL** DC:53:7C:64:B9:A2	-79
🔒 [WPA2]	**PS4-370CF11D819D** B0:05:94:6D:3D:51	-80
🔒 [WPA2]	**MiFibra-229B** 44:FE:3B:40:22:9D	-80
🔒 [WPA2]	**Invitado-7F36** 72:CC:22:9C:7F:39	-83
🔒 [WPA2]	**-- Hidden network --** 44:FE:3B:3F:A9:72	-84
🔒 [WPA2]	**MiFibra-A96F** 46:FE:3B:3F:A9:72	-84
🔒 [WPA2]	**HUAWEI-E5186-5G-4F2B** A4:CA:A0:4C:4F:2D	-85
🔒 [WPA2]	**ONOC825** DC:53:7C:3C:2D:3E	-85
🔒 [WPA2]	**forfox2** 98:DE:D0:C3:5F:3F	-85
🔒 [WPA2]	**MiFibra-7F36** 64:CC:22:9C:7F:38	-85
🔒 [WPA2]	**MiFibra-2F2F** 44:FE:3B:40:2F:31	-86
🔒 [WPA2]	**Lowi4932** 10:C2:5A:FB:49:37	-86
🔒 [WPA2]	**MiFibra-7274** BC:30:D9:79:72:76	-89

É necessário conhecer as melhores aplicações Android para hacking de redes WiFi, qualquer uma das seguintes que utiliza, fornece resultados interessantes para quebrar os níveis de segurança da rede:

- **Kali Linux NetHunter**

Uma ferramenta da estatura do Kali Linux Nedthunter, caracteriza-se por ser uma das potentes, permite hackear qualquer tipo de rede WiFi, o seu funcionamento é open source, é um dos pioneiros nesta área, para a utilizar, é necessário ter instalado a ferramenta Kali WiFi, para levar a cabo o procedimento.

Subsequentemente deve ser incorporado um Kernel personalizado, onde as injecções sem fios são adicionadas, embora algumas não sejam suportadas por certos Android, deve tentar descarregar as adequadas.

- **WPS Connect**

Esta é uma das aplicações mais populares para hacking WiFi, o seu tema principal é testar a segurança da rede, esta aplicação é compatível com routers de todos os tipos, o principal é instalar a aplicação para a utilizar na detecção de vulnerabilidades disponíveis numa rede.

A eficácia desta aplicação reside nas redes mais vulneráveis ao hacking, que se realiza através de combinações de PIN, aproveitando a probabilidade gerada pelos utilizadores que não modificam a palavra-passe imposta pelo router, que a configuração pré-determinada é uma vantagem para se ligar a essa rede.

• Testador WPS WPA

Esta outra alternativa permite hackear a rede WiFi, o seu desenvolvimento baseia-se em aproveitar ao máximo as vulnerabilidades que detecta, em teoria esta função procura trazer à luz estas falhas para as corrigir, mas não é controlada para ser utilizada para outros fins, para elas pode tentar algoritmos como o Belkin, TrendNet e similares.

A compatibilidade da aplicação, está associada à versão 5.0 do Android, bem como às versões superiores, caso contrário as versões mais antigas não ajudam a detectar a WEP-WPA-WPA2, e fazem tentativas diferentes fatais para que isto possa funcionar.

• Aircrack-ng

Uma opção fiável e estável para decifrar a chave de rede WiFi é representada por esta aplicação, é desenvolvida sob o funcionamento do kernel Linux, o seu design é associado ao XDA, por essa razão tem uma utilização eficiente no Android, além de poder encontrar chips WiFi que são suportados pelo modo monitor.

A utilização desta aplicação depende de um dispositivo enraizado, também a assistência de um computador com Linux é fundamental, para completar a utilização adequada de cada função, pode assistir a diferentes tutoriais que ilustram esta utilização.

- ## DSploit

Foi desenvolvido como uma grande aplicação para este fim de estudar redes WiFi, com uma qualidade XDA, chegando ao extremo de conhecer as vulnerabilidades que podem existir numa rede WiFi, sendo uma grande pista para penetrar na rede WiFi, pelo que pode ser definido como um pacote abrangente que analisa e emite informações sobre a rede.

A capacidade deste estudo permite decifrar mais detalhes do WiFi, uma vez que se realiza um scan das portas, sem esquecer de seguir outros tipos de operações, a utilização desta aplicação é frequentemente explicada por meio do YouTube.

• AndroDumpper

O AndroDumpper é apresentado como uma aplicação que faz scans das redes WiFi que se encontram nas proximidades, é uma descrição abrangente sobre a ligação, funciona graças a um algoritmo que é posto em movimento ao ponto de determinar algumas palavras-passe, tornando possível o hacking que cada utilizador procura.

O funcionamento desta aplicação está directamente associado a routers para WPS, embora noutros tipos de routers possa ter efeito, é apenas um requisito fundamental a utilização de um telemóvel enraizado.

O hacking do Android pode ser complicado no início, mas as aplicações acima referidas são as melhores para esta missão, mas no início deverá configurar a aplicação a ser utilizada a partir da sua própria rede ou uma à qual tenha acesso, depois poderá passar para outro tipo de utilização.

Descubra como hackear redes WPA e WPA2 sem utilizar um dicionário

O hacking de uma rede WPA e WPA2 é uma facilidade, é realizado através de técnicas que se automatizam, para esse tipo de evolução é a ferramenta WiFiPisher, é uma grande novidade e faz parte do design LINSET (Linset Is Not a Social Enginering Tool).

Este tipo de guiões segue o mesmo processo que outros guiões semelhantes, isto é expresso após as seguintes acções ou atribuições:

- Digitalização através de redes WiFi próximas.
- Fornece uma lista de redes disponíveis onde podem ser incorporados filtros.
- Função de selecção de rede para capturar o aperto de mão, em alguns casos pode ser utilizada sem o aperto de mão.
- Permite-lhe criar o falso ap, neste passo pode colocar o mesmo nome que o original, para que os utilizadores se possam ligar a este ap falso.
- Configuração do servidor DHCP, este é incorporado na rede falsa para que o pedido de ligação da vítima receba um pedido de senha, quando introduzido, o objectivo é alcançado, este passo pode ser personalizado para ser o mesmo que o router da vítima.

- A palavra-passe é verificada e comparada com o aperto de mão, e se estiver correcta, o ataque DoS é interrompido e o servidor é desclassificado para se ligar novamente ao verdadeiro AP.

No final de cada uma destas funções, é novamente tempo de limpar os temporários que foram criados, ou seja, todos os serviços podem ser interrompidos para que não haja mais execução por parte do sistema.

A utilização de LINSET para piratear redes WPA e WPA2, ajuda este processo não requer dicionário, com os benefícios de estar em espanhol, e no mesmo ficheiro estão incluídos outros, no meio desta operação fornece apoio à comunidade, sem perder de vista o conhecimento sobre o fabricante do router.

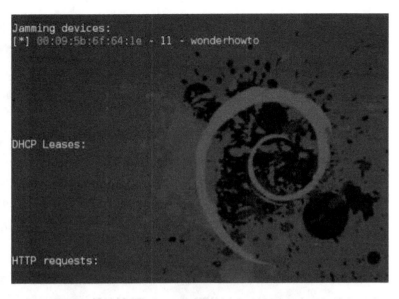

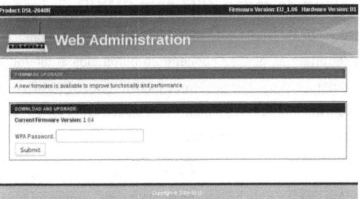

Cada portal tem línguas acessíveis a cada utilizador, e
desenvolve diferentes formas de capturar o aperto de mão,
é uma ferramenta com um tempo de concepção muito mais

maduro, é necessário realizar previamente estas acções de preparação:

1. Instalação de cada um dos ficheiros acima mencionados.

2. Personalize o portal para ser mantido cativo, uma vez que tenha os ficheiros separadamente.

3. Monitorização dos parâmetros para automatizar o ataque a ser realizado.

4. Não há necessidade de estar obcecado em obter o aperto de mão.

Hacking de redes WiFi com PMKID

As técnicas de hacking de rede WiFi estendem-se a diferentes ferramentas que se concentram numa classe diferente de routers, tais como a quebra de palavra-passe PMKID, que tem um desempenho óptimo nos protocolos WPA/WPA2, dominando todas as funcionalidades.

Este tipo de acções, procura alterar as redes WiFi, as suas funções foram concebidas acidentalmente, tentando alcançar a norma de segurança WPA3, razão pela qual surgiu este método que permite obter e recuperar palavras-passe, pelo que é atractivo no hacking e especialmente para monitorizar as comunicações na Internet.

Os métodos para alcançar um resultado promissor, são apresentados quando algum utilizador faz o login, uma vez que irá fornecer a password, tudo isto acontece após o protocolo de autenticação de 4 vias, onde a porta da rede é verificada, o que se traduz nos passos seguintes:

1. Utilizar ferramentas hcxdumptool, sob v4.2.0 ou superior, de modo a que o PMKID gere o ponto de acesso específico, para ter contacto com a moldura recebida através de um ficheiro.

2. Através da ferramenta hcxpcaptool, a saída é apresentada em formato pcapng, onde o formato hash é convertido e aceite por Hashcat.

3. Aplicação de ferramentas de cracking da palavra-passe Hashcat, até ser obtida a palavra-passe WPA PSK, este tipo de palavra-passe é extraída pela rede sem fios, mas só funciona ou tem mais peso em redes com função de roaming.

Este tipo de hack WiFi não é útil contra um protocolo de segurança da geração WP3, porque é uma modalidade mais complicada de ataque ou violação, no entanto, esta tecnologia é utilizada contra a que já tem mais tempo de utilização ou no mercado.

Como obter chaves de rede WiFi com BlackTrack 5

Blacktrack é conhecido mundialmente como uma ferramenta clássica para realizar cracking, o seu funcionamento baseia-se numa distribuição do sistema Linux, a sua concepção está directamente focada na realização destes ataques, embora a nível oficial seja publicada como uma ferramenta de auditoria de redes WiFi.

Ao longo do tempo, diferentes versões deste programa foram desenvolvidas, juntamente com uma longa lista de tutoriais, que podem ser todos encontrados no seu sítio oficial na Internet. Mantém uma grande variedade de utilidades dentro de um único programa, incluindo o scanner de rede

Nmap, Wireshark, e o navegador de exploração BeEF, que provoca uma extracção.

A sua utilização é totalmente simples, e pode ser utilizado no Windows como sistema de arranque, depois instalado sem problemas, está mesmo disponível para ser utilizado no Android, mas não é recomendado porque não gera resultados eficientes, onde o primeiro passo é ser informado pelo tipo de rede que se pretende atacar.

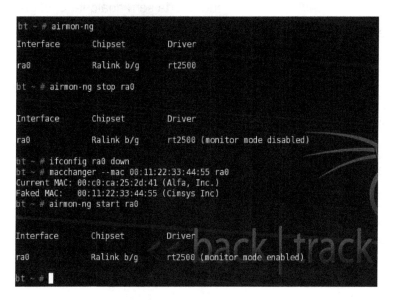

```
bt ~ # airmon-ng

Interface        Chipset          Driver

ra0              Ralink b/g       rt2500

bt ~ # airmon-ng stop ra0

Interface        Chipset          Driver

ra0              Ralink b/g       rt2500 (monitor mode disabled)

bt ~ # ifconfig ra0 down
bt ~ # macchanger --mac 00:11:22:33:44:55 ra0
Current MAC: 00:c0:ca:25:2d:41 (Alfa, Inc.)
Faked MAC:   00:11:22:33:44:55 (Cimsys Inc)
bt ~ # airmon-ng start ra0

Interface        Chipset          Driver

ra0              Ralink b/g       rt2500 (monitor mode enabled)

bt ~ #
```

Para avaliar as opções de hacking, basta verificar o painel de redes WiFi disponíveis, depois copiar o nome da rede, e iniciar o procedimento de hacking, a duração do processo efectua uma estimativa sobre a viabilidade de hacking deste tipo de rede.

Os segredos para hackear redes WiFi sem programas

Não há dúvida que um simples passo para hackear uma rede WiFi, não é ter de utilizar programas, muito menos pagar por tais resultados, o primeiro pode ser simplesmente capturar alguma supervisão numa rede aberta sem qualquer configuração, não é hackear correctamente, mas é mais simples e legal.

Para capturar algum tipo de rede sem chaves, é necessário adquirir uma antena WiFi de longo alcance, o seu valor é de pelo menos 100 euros, e depois pensar numa instalação no terraço ou no telhado, sendo capaz de detectar qualquer tipo de sinal pelo menos 5 km, e 20 km no máximo, é mais útil se tiver um endereço central.

Os locais com a maior variedade de WiFi públicos, podem ser dominados por este método, e o melhor de tudo é que é um método legal, para o realizar pode conhecer as seguintes antenas no mercado:

- **TP-Link TL-ANT2424B Antena**

Cumpre um desempenho de 2.4GHz 300Mbps 9dB, é uma solução para que nenhuma rede possa ser negligenciada no exterior, a sua aplicação pode ser desenvolvida centralmente, e emite uma função de ligação profissional, no entanto a sua concepção é simples de compreender, sendo uma grande alternativa tanto para as empresas como para as casas.

- **Ubiquiti LBE-M5-23 - 5 GHZ**

LiteBeam M é baseado num dispositivo conhecido como air-MAX, tem características leves e um custo de oportunidade, em troca de uma conectividade de alto alcance, graças à aplicação de uma antena direccional que se torna imune ao ruído, tal como para o físico, consiste em 3 eixos que são fáceis de montar.

Esta ferramenta pode ser integrada sem qualquer problema no pólo, tudo graças à sua capacidade compacta que facilita a sua aplicação, é uma conveniência utilizar este tipo de antena potente.

- **Ubiquiti PowerBeam M 22dBi 5GHz 802.11n MIMO 2x2 TDMA**

Tem um foco em qualquer direcção de interesse, ajudando a bloquear qualquer tipo de interferência, esta imunidade é útil em áreas ou espaços onde concorrem diferentes sinais que dificultam a captura das redes, este desenho evita a confusão entre a frequência, uma vez que tem tecnologia Ubiquitis Innerfeed.

Um aspecto positivo desta antena é que não tem cabo, uma vez que a alimentação é criada por meio de um rádio na buzina, e ao mesmo tempo esta característica aumenta o desempenho, uma vez que não há perdas de ligação ao contrário dos cabos.

Através destas antes de conseguir obter as redes WiFi que estão abertas, numa questão de segundos e sem muito esforço que a ligação surja, é um investimento que pode abrir as portas em direcção a essa direcção.

Acrílico, WEP e WPA hacking de rede WiFi

O programa Acrílico desempenha o papel de um analisador de rede sem fios, funciona directamente no Windows, tem uma variedade de versões que atingem o objectivo de encontrar palavras-passe, tudo é gerado sob um modo automatizado através da criação de scripts fornecidos pelo programa.

Cada script procura gerar senhas, uma vez que são programadas para o fazer, e são capazes de adicionar informação sobre novos routers, tudo é desenvolvido com base nas falhas de segurança que é capaz de descobrir, a sua utilização corresponde naturalmente a uma protecção em redes WiFi, mas ao mesmo tempo é capaz de as piratear.

Isto permite visualizar as opções de segurança promovidas por essa rede WiFi, graças ao desenvolvimento de um driver para capturar em modo monitor, os incidentes da rede WiFi, cada modelo de router é analisado por esta ferramenta, a primeira coisa é que detecta o nome da rede ou SSID, bem como o endereço MAC, e o tipo de segurança.

Qualquer ponto de acesso que seja descoberto por esta ferramenta, deve-se aos defeitos do router, sendo explorado pelo programa responsável pelo cálculo automático das palavras-passe, e sobre este é concentrado o número de scripts que obtêm uma palavra-passe genérica, a precisão aumenta após cada versão do programa.

Com os resultados fornecidos por este tipo de programa, é possível testar senhas uma a uma, podendo assim verificar se tornam possível a ligação à rede WiFi, embora o seu objectivo seja proteger a rede, nessa mesma eficácia é capaz de detectar falhas de segurança em outras redes WiFi.

Entre as versões comerciais, Acrylic WiFi Professional é a mais utilizada, como gestão de Acrylic WiFi Home, para que se possa exercer a análise na rede WiFi, e outra alternativa é o sniffer WiFi, que exibe o tráfego numa rede WiFi, mas também tem dados de segurança para optimizar a rede.

Antes de qualquer download, pode consultar o site oficial de Acrylic WiFi, para além de encontrar a versão profissional deste software, existem opções para obter funções mais eficazes, o melhor é abrir o programa sob o botão "continuar a experimentar" para iniciar o processo.

Uma vez clicado nesta opção, é altura de seleccionar a janela "criar novo", e depois clicar em "abrir existente" para carregar o projecto, é altura de introduzir os dados da rede WiFi, para além do mapa da área analisada, sem esquecer de calibrar o mapa, e nas opções "parcelas", tem acesso a "pontos de acesso" e "rotas".

Mesas arco-íris como uma técnica de cracking de palavra-passe

Nos últimos anos, os métodos de hacking de redes WiFi tornaram-se mais complicados, com base na estrutura da senha, uma vez que quando esta não é pré-determinada, a função dos programas não se torna eficaz, por esta razão, novas técnicas podem ser implementadas para que a senha possa ser revelada.

A solução para os problemas de senhas mais bem estruturadas é aplicar uma acção mista, dividida entre dicionário e força bruta, que é o que são as tabelas Rainbow, para que as combinações de senhas possam surgir por meio de um algoritmo, esta operação ajuda a comparar a senha a ser quebrada.

Este tipo de técnica alivia a pressão imposta à carga computacional e aumenta a velocidade de fissuração, que é um valor mais elevado do que as outras, melhorando assim as capacidades dos hardwares concebidos para este tipo de tarefa.

Conheça a ferramenta KRACK para hacking de redes WiFi

O potencial para encontrar pontos fracos em redes WPA2, para além do seu nível de segurança, a acção da KRACK é muito útil, para isso deve descobrir as funções que esta ferramenta tem, sendo um método de hacking a ter em conta, o seu ataque funciona em qualquer rede WPA2.

A vulnerabilidade que este programa é capaz de encontrar, tem a ver com o próprio sistema WiFi que está a ser afectado, directamente como condição do fabricante, também o hacking de uma rede WiFi pode ser implementado a partir da reinstalação da chave por meio de um dispositivo Android.

Estes caminhos ajudam a decifrar cada um dos dados transmitidos pelo utilizador, isto torna-se muito completo em sistemas como o Linux, e também no Android 6.0, bem como nos posteriores, uma vez que enfrentam um phishing ou um ransomware, este processo cobre amplamente 4 vias do protocolo de segurança WPA2.

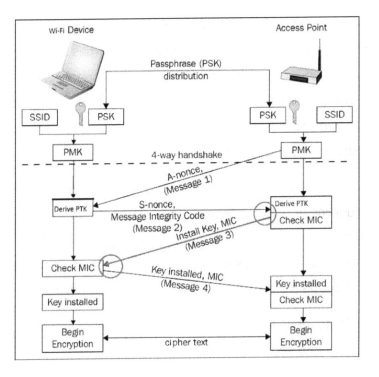

O programa por detrás desta sigla é definido como "Key re-installation attack", sendo uma das formas mais devastadoras de hacking, pois para além de estudar o tráfego numa rede WiFi, é também responsável por forjar e implementar pacotes, fazendo com que seja eficaz em 41% dos utilizadores.

Cracker de rede WiFite

Uma ferramenta como o WiFit Wireless Auditor, levou o seu tempo a melhorar o seu design desde 2011, mas atingiu a versão 2 (r85), é uma importante contribuição para testar o impacto de qualquer tipo de rede WiFi, tem um design para Linux, bem como está a ser testado em BackBox, Pentoo, Blackbuntu, e também Backtrack 5.

Um aspecto duvidoso é que não é suportado, no entanto, é tentador medir o seu potencial, porque fornece uma função personalizada que facilita a automatização, não necessita de muitos argumentos ou explicações, torna-se imediatamente um programa padrão para realizar auditorias sem fios.

No entanto, deve ter em conta os requisitos deste programa, que incluem o seguinte:

1. Python 2.6.X ou Python 2.7.X.
2. Controlador sem fios patenteado para gerar modo monitor, juntamente com injecção, porque as distribuições de segurança têm controladores sem fios pré-padronizados.
3. Ter instalado o conjunto aircrack-ng 1.1.
4. Manter o Reaver instalado para apoio, provocando o ataque às redes WPA2, isto é possível graças ao WPS.

Uma vez cumpridos cada um destes requisitos, o passo seguinte é descarregar e instalar o pedido, para o qual devem ser concedidas permissões para facilitar a sua execução, isto é expresso através do comando "chmod +x wifite.py", até que o pedido seja executado, em caso de dúvida, é melhor aceder à opção "ajuda".

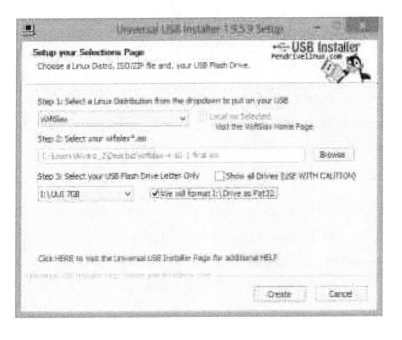

O essencial é que pode ter afinidade para a aplicação de filtros, e outras funções no momento da digitalização, mas em termos gerais o seu desenvolvimento é simples, uma vez iniciado, é responsável pela digitalização automática de cada uma das redes, fornece informações sobre os canais disponíveis, é uma fase de espera até ao seu fim.

Durante o processo de digitalização, deve premir CRTL+C, depois o próprio programa requer o número de rede que está interessado em auditar, e depois as funções encarregam-se de fornecer a chave de rede WiFi, razão pela qual é classificado como um programa que satisfaz as expectativas de qualquer pessoa.

Em redes WPA2 que têm WPS activado, este programa funciona bem, mas para o nível de segurança tem um desenvolvimento lento, no entanto está associado ao ficheiro Reaver, à medida que mais versões são apresentadas, obtém-se uma solução para qualquer plano de hacking.

Hacking de redes WiFi usando Wifimosys

As ferramentas para hackear redes WiFi estão a tornar-se mais fáceis de utilizar, uma delas é Wifimosys, tem sido considerada como uma espécie de Linset 2.0, é ideal para aqueles que não têm muito conhecimento em informática, é um óptimo começo para atacar redes WiFi, uma vez que tem uma interface ideal.

O objectivo desta ferramenta é o mesmo que o Linset, de facto deriva da instalação do Wifislax, e para isso deve executar os seguintes passos:

- Wifimosys aberto, via Start/Wifislax/WPA/Wifimosys.

```
############################################################
#                                                          #
#              WIFIMOSYS 0.22 by Absolut Vodker            #
#                   WIFI MOron' SYStem                     #
#                                                          #
#  Basado en LINSET de vk496 para seguridadwireless.net    #
#                                                          #
############################################################


Elige escaneo de canal(es):

1) Todos los canales
2) Canal(es) específico(s)
3) Salir

#> █
```

- Iniciar a ferramenta que coloca a antena WiFi em modo monitor.

- Execução do scan para encontrar os canais que estão disponíveis.

- Uma vez encontradas as redes WiFi, a próxima coisa a fazer é pressionar CRTL+C.

```
                        LISTADO DE REDES

Nº   MAC              CANAL  TIPO    PWR    NOMBRE DE LA RED

1 *  ...............     1   WPA2    63%    ................
2    ...............     7   WPA2    73%    ................
3    ...............     7   WPA2     0%    Nombre oculto
4    ...............    13   WPA2   106%    MiSO
5    ...............     9   WPA2    98%    ................
6 *  ...............     9   WPA2    70%    ................
7 *  ...............     9   WPA2    70%    CL.MYG
8    ...............     9   WPA2     0%    ........oculto
9    ...............     9   WPA2    60%    ................

     (*) En rojo: redes con posibles clientes activos

     Selecciona el nº de la red a atacar...
     (Para reescanear pulsa r Para salir pulsa x)

     #> 4█
```

Uma vez identificada a rede, é tempo de realizar a função de captura, basta premir enter para que o processo decorra automaticamente, exercendo um ataque onde a palavra-chave pode ser retida, completando assim esta simples acção, embora seja um processo moroso.

Jumpstart para hacking de redes WiFi a partir do Windows

O funcionamento de aplicações ou programas para hackear redes WiFi a partir do Windows, é um requisito dado o grande número de utilizadores que têm este sistema operativo, a solução é pensar no Jumpstart juntamente com o Dumpper, embora o seu funcionamento não seja totalmente exacto, é uma grande ajuda para tentar quebrar a rede WiFi.

Para ter acesso à utilização desta ferramenta, a primeira coisa a fazer é descarregá-la, mas primeiro deve descomprimir o Dumpper, para que o acesso possa ser garantido, embora o seu funcionamento só se materialize quando há uma vulnerabilidade no WPS, mas pode tentar iniciar a ferramenta Dumpper.

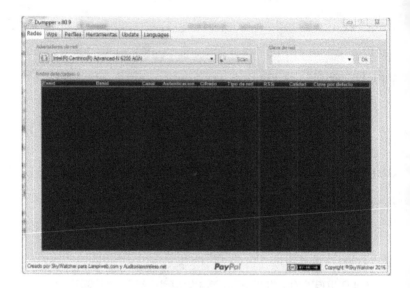

Portanto, o próprio programa emite as redes próximas, e permite pressionar a opção de expor o pino dessas redes, apenas as que aparecem devem ser salvas, neste momento, a ajuda de uma antena externa é notória, para que o JumStart possa ser executado, para iniciar a terceira opção de entrar na frente do pino do meu ponto de acesso.

É necessário colar um pino da ligação seleccionada, é essencial executar este passo sob uma ordem estrita, depois na zona inferior é a opção Seleccionar automaticamente a rede, esta é destilda e carregar em seguida, para continuar com a selecção da ligação, para ver se o processo foi bem sucedido, guardando os dados obtidos.

Por vezes é necessário realizar várias tentativas, além de alternar com diferentes redes, é melhor utilizar cada um dos pinos, no caso de não funcionar à primeira vez, o essencial é tentar até à sua ligação.

Decodificação da chave WiFi num Mac

Um método compatível com um sistema Mac, é o programa KISMAC, isto ajuda a realizar o hacking da rede WiFi, é baseado numa função que tem um longo historial, para isso deve instalar o programa e depois executar as suas funções, depois quando é instalado, deve ir para a opção de preferências, e depois clicar no Driver.

Depois deve seleccionar o capturador, este é responsável por tirar partido de alguma lacuna, e em "adicionar", a acção de uma antena WiFi externa é incluída, antes da selecção do canal, é melhor escolher todos, e depois fechar a janela de preferências, a próxima coisa a fazer é iniciar o scan, onde o super administrador fornece a chave para se ligar.

Este tipo de processo é muito mais demorado, pelo que é melhor deixar que outras actividades sejam geridas, uma vez que é necessário completar uma troca de 150.000 pacotes, fazendo parte da revelação do HandShake, e encontrá-lo expõe as redes que não puderam ser encontradas.

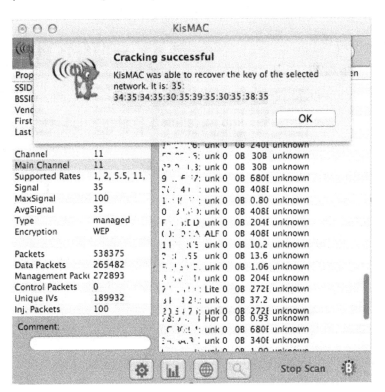

Uma vez descoberto o aperto de mão, o dicionário WPA é carregado, quando é localizado o próprio programa é responsável pela execução do ataque, esta ferramenta é simples e eficaz de utilizar como forma de hacking de redes WiFi, é uma oportunidade para um Mac levar a cabo este processo.

Ferramentas avançadas para auditoria de redes WiFi

Actualmente existem diferentes ferramentas para realizar uma inspecção em redes WiFi, tais sistemas são utilizados para revelar chaves, como foi reiterado, estas funções estão disponíveis para qualquer pessoa com apenas uma pré-instalação, assim como o acesso a partir de diferentes sistemas.

Uma das ferramentas mais utilizadas para quebrar as redes WiFi, é o scanner de rede WiFi, é uma aplicação que está disponível tanto para Android como para iOS, da mesma forma a utilização em computadores pode ser mais confortável para a maioria, a simplicidade desta instalação abre todas as portas para pensar sobre esta alternativa.

Todos os pontos de acesso nas proximidades serão detectados, o que significa que pode ter dados, nível ou força do sinal, encriptação e o endereço MAC do AP, esse tipo de vantagem sobre protocolos de segurança fracos, como o WEP, e o mesmo se aplica ao WPA.

No caso da utilização de sistemas operativos como o Windows, a melhor escolha como scanner é o Acrílico WiFi, é um modo profissional para realizar a criação de scripts, esta uma das várias ferramentas que se estendem a uma utilização móvel, tudo depende da forma mais prática.

A informação fornecida pelo scanner é o que ajuda a hackear alguma rede, no caso de querer executar estes passos a partir de dispositivos Android, a resposta está no WiFi Analyzer, sendo uma grande solução porque tem um modo livre, sendo útil para acesso na banda de 2,4 GHz e até 5 GHz.

Para uma utilização através de dispositivos iOS, pode descarregar o Network Analyzer Pro, embora não seja uma opção gratuita, mas isso significa que fornece características avançadas, marca uma grande distinção ao contrário de algumas aplicações Android.

Entre as ferramentas mais importantes para a penetração de redes WiFi estão as seguintes:

- **WirelessKeyView:** Representa uma ferramenta que tem um nível positivo de utilidade, é gratuita e é responsável pela recriação de uma lista de chaves WEP, WPA2, e WPA, utilizando cada peça de dados que é armazenada pelo computador.

- **Aircrack-ng:** Este é um conjunto de aplicações de código aberto, cada uma concebida para hackear chaves WEP e WPA/WPA2, é compatível com qualquer tipo de sistema e as suas funções são extensas.

Para além destas ferramentas, os Sniffers Wi-Fi são um método muito mais eficiente de reter informação sobre APs, retendo os pacotes que são partilhados através da rede, e estes dados de tráfego podem ser importados para as ferramentas acima mencionadas.

Decodificar palavras-passe WiFi armazenadas no telemóvel

A introdução de certas senhas de redes WiFi no telemóvel, pode trazer inconvenientes no futuro, tais como esquecê-las, ou querer voltar a esse lugar e ter a senha para a introduzir noutro tipo de dispositivo, neste cenário, é possível decifrar a chave, tanto os dispositivos Android como os Apple.

Cada dispositivo armazena uma quantidade infinita de dados, no meio da informação estão os acessos à rede WiFi, uma vez que esse tipo de armazenamento é o que lhes permite ligarem-se automaticamente, aumentando assim as hipóteses de recuperar esse tipo de dados através do desenvolvimento de um processo específico para essa missão.

- **Para dispositivos móveis Android não enraizados**

Uma das vantagens dos sistemas Android modernos, tais como; Android 10 ou Android 11, é muito mais fácil visualizar as teclas, sem qualquer necessidade de raiz, para que isto aconteça, basta partilhar a rede através do código QR, assim a informação é comprimida através desta forma, onde está também a palavra-chave.

Desta forma, o próprio sistema gera um código QR, permitindo que a partir de outro dispositivo possa ser digitalizado, para isso pode utilizar aplicações concebidas para esta função, em diferentes dispositivos não necessita de descarregar nada porque o próprio sistema o inclui, fazendo parte de marcas como a Xiaomi, Samsung e outras.

A criação do código QR é realizada através de um processo simples como se segue:

1. Introduza as definições do telemóvel.

2. Navegue até às ligações WiFi, e encontre a rede que pretende recuperar ou conhecer novamente a sua palavra-passe.

3. Nas opções que são apresentadas nessa rede, deve procurar o símbolo do código QR, ao clicar sobre ele, é criada uma imagem com o código.

4. A imagem transmitida ou gerada deve ser capturada para guardar o código QR, no meio desta informação está incluído o nome da rede WiFi, conhecida como SSID, para além da palavra-passe, que é precisamente o que procura.

5. Caso não tenha um dispositivo móvel que não lhe permita gerar o código QR, pode capturar o código QR utilizando a Lente Google, esta ferramenta abre-se ao premir o Assistente Google, e num quadrado com um ponto, a captura do código QR é incorporada na galeria.

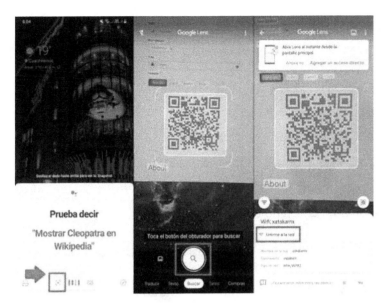

Isto completa um método muito simples, comparado com o que está envolvido no enraizamento de um telemóvel, porque cada condição do telemóvel faz crescer as condições ou processos para encontrar a palavra-passe.

- **Decodificação de chaves WiFi através de telemóveis enraizados**

Cada telefone Android armazena cada uma das chaves de rede WiFi por defeito, para que possa aceder facilmente a estes dados, não há necessidade de anotar dados em caso de perda, pelo que é essencial obter este tipo de informação através do dispositivo enraizado.

Ter um telemóvel enraizado, implica que pode ter acesso a cada registo, isto inclui a emissão de palavras-passe, isto não é fácil, porque compromete a segurança do dispositivo móvel, mas é uma gestão abrangente do telemóvel, que lhe permite utilizar diferentes aplicações compatíveis com essa condição, tais como as seguintes:

1. Recuperação de chaves WiFi

Esta aplicação implementa um método tão simples como o anterior, tem acesso às redes guardadas, para encontrar as opções onde alguma vez se ligou, pelo que só precisa de seleccionar a rede que é de interesse, para que possa clicar na opção de partilhar a chave, criando o código QR ou enviando-o a um amigo.

- ## À descoberta de chaves de rede WiFi com root e explorador de ficheiros

Com um dispositivo que tem acesso à raiz, existe também a possibilidade de recuperar a palavra-passe WiFi através do explorador de ficheiros, que normalmente pode ser uma leitura do Root Browser, para que estas permissões sejam concedidas à raiz para poder explorar cada um dos ficheiros.

A pesquisa dos ficheiros onde se encontram as chaves, deve ser efectuada através do comando dados/misc/wifi, até encontrar o ficheiro wpa.supplicant.conf. deve ser aberto através de um editor de texto, depois deve ser executado para observar as redes WiFi juntamente com as palavras-passe, localizando todo esse histórico de ligações do passado.

- ## Pesquisa de chaves através de iOS

É possível observar as senhas encontradas nos sistemas iOS, embora descobrir estas redes WiFi possa ser mais complicado em comparação com o Android, para isso é necessário ter um macOS, para além de ter o iPhone sincronizado directamente no iCloud.

Em primeiro lugar, é essencial ter o iCloud activado, para isso deve ir às definições, depois à ID da Apple, até encontrar o chaveiro iCloud, para que possa verificar se tudo está activado, embora esta sequência de passos dependa do tipo de versão do iOS com que o processo é realizado.

Uma vez activado o iCloud, é altura de voltar às definições, nesse sector pode ter em conta a opção "Internet sharing", agora o processo é dirigido para o Mac, para realizar a acção de recuperação através destas etapas:

1. Ligar o computador Mac ao ponto de acesso, isto é feito através do iPhone e das opções do menu WiFi.

2. À medida que a sincronização é gerada, cada uma das palavras-passe armazenadas no iPhone, começa a ligar-se ao computador Mac.

3. Uma vez no computador Mac, é altura de abrir a aplicação do porta-chaves.

4. Deve ir para a opção "sistema", que se encontra na parte superior esquerda da janela.

5. É altura de clicar na opção "passwords", que se encontra no lado esquerdo do ecrã.

6. Seleccionando a opção acima, cada uma das redes que se ligaram ao iPhone, poderá então escolher a rede que deseja descobrir ou sondar.

7. A seguir, clicar na opção "mostrar palavra-passe".

8. Imediatamente, o programa pede o nome de utilizador e a palavra-passe, o que lhe permite agir como administrador, até que a palavra-passe que procura seja emitida.

Alternativas para hackear redes WiFi

O controlo ou vulnerabilidade das redes WiFi, é desenvolvido sob uma grande variedade de programas concebidos para esse fim, um dos mais populares com um grande número de downloads no momento são os seguintes:

- **Testador WiFi WPS WPA**

É uma ferramenta muito implementada e simples de hacking para Android, a sua ideia original é a recuperação de chaves perdidas de redes WiFi, a sua utilização baseia-se na implementação de um dicionário para descobrir o tipo de chave compatível com essa rede, não é um algoritmo de ataque directo por questões legais.

A operação baseia-se na informação padrão dos fabricantes de routers, que a configuração é explorada ao máximo, testando ou utilizando as 13 tentativas de encontrar a palavra-passe da rede WiFi, com a aplicação da informação ou dados destes modelos populares.

- **Caim e Abel**

Esta forma é indispensável quando se trata de hacking, é conhecido em resumo como Cain, tem um grande poder para ser usado no Windows, é especializado em carregar pacotes para realizar uma busca profunda, fazendo com que também seja capaz de rachar, usando diferentes hashes de senhas.

São utilizadas técnicas de sniffing, sem deixar de lado a acção da criptanálise, é um acompanhamento de força bruta bem como ataques de dicionário, a ferramenta quebra uma capacidade de capturar e obter senhas de redes WiFi, através do estudo dos protocolos que estão em transferência.

É inimaginável a quantidade de dados que pode ser retida quando esta ferramenta funciona, subsequentemente quando se utiliza Cain, qualquer pessoa encontra pontos fracos sobre a segurança da rede WiFi, cada aspecto é exposto pela ferramenta, em princípio com uma orientação informativa, e pode ser usada como uma pista para hackers.

- **Kismet**

É uma ferramenta de captura de pacotes, baseia-se num mecanismo de hacking, manifesta a capacidade de analisar todo o tipo de aspectos na rede, a sua principal implementação é notada nos intrusos que percorrem esse tipo de ligação, cada função anda de mãos dadas com o cartão WiFi.

O modo rfmon suporta a monitorização em qualquer rede, não importa se estão escondidos, uma vez que realça os protocolos de rede sem fios: 802.11a, 802.11b, 802.11g e mesmo 802.11n, a sua disponibilidade está em sistemas operativos como Linux, Windows e BSD, pelo que pode ser executado.

- **Airsnort**

A acção em redes WiFi codificadas, é uma realidade através desta ferramenta, a sua intervenção é passiva, é lançada em ligações WiFi, para apreender os pacotes para obter a chave de codificação da rede em apenas alguns segundos, estas características são semelhantes às do Aircrack.

A diferença desta ferramenta com o resto, baseia-se na sua interface, porque a sua gestão é mais aberta para qualquer utilizador, pelo que não há problema em assumir mais controlo sobre o programa, o seu download é gratuito e disponível para Windows e Linux.

- **NetStumbler**

Representa uma alternativa ideal para Windows, o objectivo é que esta aplicação possa detectar um ponto de acesso, é também concebida para executar funções muito mais avançadas em redes mal configuradas, no meio de uma rede há uma variedade de opções.

A versão desta ferramenta é gratuita, e até tem um modo minimalista como MiniStumbler, isto é incorporado como um utilitário para qualquer tipo de utilizador do Windows.

• Airjack

Se quiser ir além da acção de hacking, esta ferramenta é uma grande resposta para dar esse passo, a sua função é a injecção de pacotes em qualquer tipo de rede, extraindo assim os dados, procurando que estas vulnerabilidades possam ser exploradas ao máximo, gerando acesso aos recursos da rede.

A gestão deste tipo de ferramenta é notável, embora inicialmente seja para medir a segurança de uma rede WiFi, respondendo à injecção de pacotes falsos, é um download necessário para este tipo de propósito.

• inSSIDer

Cada detalhe sobre uma rede WiFi pode ser exposto graças a esta ferramenta, não só funções de hacking, mas também um scanner completo para actuar na rede sem fios da forma apropriada ou desejada, a sua concepção cumpre uma variedade de tarefas, tais como acentuar os pontos de acesso de cada rede WiFi.

Por outro lado, o sinal é monitorizado, de modo a que cada registo seja recolhido para acompanhar os dados do cartão sem fios, que é uma das funções mais importantes deste sistema.

- ## CowPatty

É uma opção disponível para sistemas Linux, está disponível para realizar auditorias sobre a segurança da rede WiFi, esta é uma das mais utilizadas para este fim, a sua execução ou acção baseia-se numa série de comandos, onde a utilização de dicionários é executada para além da força bruta para violar todo o tipo de segurança.

Quando se trata de sistemas de segurança de redes WiFi, o mais habitual é que tenha resultados positivos nos sistemas WEP e WPA, pelo que pode descarregar esta ferramenta para tirar partido destes aspectos.

- ## Wepttack

A utilização destes instrumentos não pára para o Linux, de facto é onde eles são mais eficazes, é o caso desta aplicação, é utilizada para ter um domínio exclusivo neste ecossistema, embora a sua acção seja apenas especializada na encriptação WEP, utilizando este tipo de ataques por meio de dicionário.

A utilidade central deste programa é manter um registo da segurança, fazendo com que a senha possa ser obtida no estudo destas redes, o seu objectivo é ser uma grande resposta a algum esquecimento deste tipo, é um programa completo em todos os sentidos, mas útil mesmo para fins de hacking.

Como decifrar palavras-chave de redes WiFi de acordo com as empresas

Um dos aspectos chave ou fáceis que podem ser explorados para hackear redes WiFi é a empresa, ou seja, o operador da Internet é conhecido como uma variável de vulnerabilidade que pode ser estudada em profundidade para realizar o ataque, também dependendo do tipo de empresa o processo muda, por isso saber um a um é útil.

- **Descodificar chaves WiFi Jazztel**

A figura de um router Jazztel, é uma utilidade tecnológica que requer o máximo cuidado, uma vez que tem um amplo nível de vulnerabilidade, se a palavra-passe padrão incorporada não mudar, significa apenas que muitos ataques serão originados, porque qualquer pessoa pode ser capaz de atacar essa segurança.

Para verificar e tirar partido de qualquer oportunidade, basta descarregar o Router Keygen, depois só tem de iniciar as suas funções, depois o processo demora mais de 2 segundos, mesmo que tenha alterado a password de rede, pode utilizar sistemas de auditoria como o WifiSlax ou o Wifiway.

Este tipo de ligação não oferece qualquer tipo de garantia, a descodificação da chave é efectuada rapidamente, para além do facto de a maioria destas redes não possuir encriptação WPA2, ou seja, os sistemas de auditoria funcionam eficazmente quando não é estabelecida uma palavra-passe.

A fim de realizar qualquer tipo de ataque, recomenda-se que cada utilizador procure estabelecer uma senha complexa, uma vez que quando são impostas combinações de maiúsculas, minúsculas e símbolos, é muito difícil decifrar as senhas.

- **Descubra as senhas de empresas ONO**

As redes ONO podem ser um alvo de hacking, é melhor optar por sistemas como o Wifislax, pois tem uma grande margem de sucesso, o que ajuda qualquer tipo de vulnerabilidade a ser explorada ao máximo, embora através do Android exista também a possibilidade de realizar um hacking.

Com a aplicação ONO4XX FREE Android, é possível atacar uma rede WiFi, basta um download para executar este passo, embora não seja tão potente como o Wifislax, porque o modo Android apenas descodifica chaves de router ONO antigas, ou aquelas que têm chaves WEP ou WAP, até às chaves por defeito.

Para reconhecer que é a empresa ONO, é necessário identificar a SSID, que normalmente tem uma nomenclatura como a seguinte:

1. ONOXXXXXXXX
2. ONOXXXX
3. ONOXAXA

Este tipo de estudo é útil, onde a aplicação ONO4XX FREE é responsável pela exploração das chaves de router ONO, que têm o SSID ONOXXXXXX, ou seja, não possuem as letras mas esta descrição, porque significa que têm uma segurança antiga, que também tem um efeito retumbante o tipo de MAC, como é necessário para começar:

1. E0:91:53
2. 00:01:38

Mas quando a rede não é compatível com estes detalhes, ainda se pode tentar violar a segurança da rede WiFi, porque o router ONO tem uma grande fraqueza na acção do Wifislax, porque o algoritmo que tem a palavra-passe ONO, foi divulgado na maioria dos projectos de hacking.

ONO é considerado como um dos operadores seguros, mas deixa certos critérios de segurança nas mãos de intenções de ataque, embora esta empresa esteja actualmente acima da Vodafone, os seus routers Netgear oferecem um desempenho aceitável, mas sem a configuração básica, continuam a ser redes fáceis de atacar.

- **Decodificar palavras-passe de rede WiFi da Movistar**

Os routers WiFi da Movistar são classificados como um dos mais fáceis de piratear, e o seu SSID é muito acessível para verificar, e na maioria das cidades é um serviço comum, a isto junta-se uma longa lista de aplicações Android que permitem a descodificação das chaves de tais redes.

Movistar como um dos operadores a ter em conta, a oportunidade de hacking baseia-se na configuração em série dos seus routers, porque quando o WPS é activado complica tudo, pelo que a utilização da aplicação Androdumpper, assim como o programa Wifislax tem um resultado óptimo para reter a palavra-passe desejada.

É muito rápido descobrir a chave de rede WiFi, porque quanto mais tempo demorar a desactivar a WPS, melhor será a hipótese de obter acesso à rede WiFi, especialmente se as chaves de alta densidade não estiverem configuradas.

• Decodificar palavras-passe de rede WiFi da Vodafone

Num período de tempo entre 2014 e 2015, as redes WiFi da Vodafone não impediram qualquer objectivo de hacking, uma vez que a informação foi totalmente vazada, fazendo com que o algoritmo que utiliza fosse conhecido por toda a comunidade online, pelo que qualquer utilizador que possua um router antes de 2015, é um risco retumbante.

Em qualquer local onde exista uma chave pré-determinada, é fácil hackear redes WiFi, a vulnerabilidade é um factor que não pode ser ignorado, uma vez que programas como o Router Keygen tem o algoritmo desta empresa, embora com routers que são novos, o processo de hacking se torne complicado.

A melhor maneira de decifrar uma rede WiFi desta empresa, é através da ferramenta Kali Linux, juntamente com a sua aplicação "WifiPhisher", sendo um método avançado de hacking, através destes métodos são geridos vários ataques, a acção da WifiPhisher baseia-se na criação de um ponto de acesso falso.

Como a acção do router Vodafone pode ser bloqueada, para que o utilizador possa emitir a sua palavra-passe, a cal é desencriptada para um fim malicioso, esse tipo de obtenção faz parte do poder da WifiPhisher que adquire a nova palavra-passe, pois os pop-ups são um engodo para chegar a essa palavra-passe.

Tal método funciona com um nível impressionante de eficácia sobre outro tipo de rede, uma vez que a Vodafone não é a única empresa em risco de ser invadida pelos dados divulgados.

- ## Obter chaves de rede WiFi com Orange

Para quem procura descodificar uma chave Orange WiFi, há muitas oportunidades para realizar este procedimento, uma das mais proeminentes é através da aplicação PulWifi do Android, baseada num mecanismo simples que permite observar a verde as redes que são vulneráveis.

No meio da análise desta aplicação, na cor vermelha são as que não são possíveis de hackear, isto deve-se ao facto de esta aplicação ter o desenho carregado com o algoritmo das redes Orange WiFi, pelo que domina a maioria das chaves que têm os routers Orange WiFi por defeito.

Por outro lado, a fim de quebrar as redes WiFi, pode executar a ferramenta WirelessCracker, uma vez que tem uma operação semelhante à Pulwifi, basta tirar partido do reconhecimento SSID, para explorar a fraqueza de cada empresa, no caso da Orange existe essa percentagem vulnerável.

De preferência, a utilização de Pulwifi tem melhores resultados, porque fornece notificações quando existe a possibilidade de uma violação, uma vez que se concentra numa rede WiFi que pode descodificar eficazmente, através da informação de passwords WiFi Orange que tem armazenada.

• Descodificar as redes WiFi da Claro

No meio das redes WiFi que fazem parte da Claro, a saída mais eficaz é utilizar o Turbo WiFi, especialmente como uma ferramenta útil para o grande número de países onde a Claro opera, dado o grande número de áreas da Claro, esta é uma solução chave, por outro lado, pode incorporar o funcionamento do Wifi Unlocker como uma grande ferramenta para isso.

No meio de tentativas de hacking, a acção de um APK pode ser acrescentada, as melhores estratégias são incorporadas, os melhores resultados são apresentados, porque a própria rede WiFi recebe ataques de diferentes frentes.

A melhor forma de hackear redes WiFi, passo a passo

Nos diferentes métodos que existem para hackear redes WiFi, cada um tem a sua facilidade ou complicação, tudo depende do conhecimento básico do utilizador, mas o importante é reconhecer que cada caminho, é uma falha ou negligência da segurança da própria ligação.

Os passos iniciais para invadir uma rede WiFi a um nível geral, e com base no programa Wifislax, são os seguintes:

1. Em primeiro lugar, é necessário ter o sistema Wifislax descarregado, a sua função é auditar redes informáticas, e é muito útil para obter dados desta natureza.

2. Uma vez descarregado o Wifslax, é altura de o transferir para uma memória USB, utilizando um programa especial que lhe permite converter este armazenamento num sistema de arranque.

3. Ligar a unidade flash USB ao computador, depois ligar o computador, para iniciar o arranque do Wifislax, sem causar qualquer dano.

4. Uma vez iniciado o Wifislax, há uma oportunidade de invadir a rede WiFi utilizando estas ferramentas baseadas em auditoria.

Para que este procedimento seja realizado eficientemente, é importante ter um computador, embora estas etapas não sejam adequadas para um Apple Mac, mas o requisito repetido que é imposto como requisito é o cartão WiFi, procurando que este seja compatível com as funções de auditoria.

A recomendação para ter este requisito coberto, é ter o adaptador USB WiFi Alfa Network, é baseado num adaptador que funciona através de um chip, ajudando as ferramentas de hacking a serem plenamente utilizadas, a primeira coisa a fazer é testar o chip no computador.

Por outro lado, o papel da unidade flash USB é importante, já que essa capacidade de 8 GB como recomendação, é a que irá conter o sistema, fazendo com que cada uma das ferramentas de auditoria que são chave para hacking seja instalada, para melhores resultados pode implementar uma antena WiFi de grande capacidade.

Estes passos iniciais são os que permitem realizar qualquer plano de hacking, e a disponibilidade do Wifislax pode ser de 32 ou 64 bits, para converter a pendrive num sistema de arranque, é melhor usar o programa UnetBootIn, onde o ISO é adicionado, mas uma vez instalado o programa, a única coisa que resta fazer é usar as suas ferramentas.

Iniciar o programa permite-lhe encontrar todas as opções disponíveis, onde o mesmo arranque do Windows aparece mas com um tema Linux, basta clicar em "run command", depois é altura de introduzir o comando "geminis auditor", esta é uma ferramenta que ajuda a digitalizar todas as redes WiFi disponíveis ao seu alcance.

As redes que são emitidas em verde, são acessíveis para hackear, para atacar, clique na opção de ataque ao alvo, a mesma ferramenta fornece duas opções, pode executar ambas para gerar a emissão da palavra-passe da rede WiFi, o caminho para isto é "opt/GeminisAuditor".

Este comando é responsável pela criação de um ficheiro com todas as palavras-passe que foram desencriptadas, para fazer uso delas, é necessário abrir um ficheiro a partir do browser, sendo outro tipo de ferramenta que fornece o programa o Linset outra das funções deste programa abrangente, que pode ser totalmente explorada.

Kali Linux: a hacking mais eficaz de redes

Ao mencionar métodos para hackear redes WiFi, é impossível deixar de lado um sistema operativo concebido para esta função, por isso é uma das opções mais populares, tem também diferentes formas de instalação, pode estar no computador e no meio do disco de arranque.

Crear máquina virtual

Nombre y sistema operativo

Name: Kali Linux 2018 AMD64

Machine Folder: D:\maquinas vituales\Kali Linux

Tipo: Linux

Versión: Debian (64-bit)

Tamaño de memoria

1024 MB

4 MB   16384 MB

Disco duro

○ No agregar un disco duro virtual

◉ Crear un disco duro virtual ahora

○ Usar un archivo de disco duro virtual existente

NewVirtualDisk1.vdi (Normal, Inaccesible)

Modo guiado   Crear   Cancelar

Este tipo de resposta ou medida, que pode ser executado num computador, conhecido como VMWare, Virtual Box e outras opções, armazena uma importante variedade de ferramentas forenses informáticas, entre as quais se destacam Kismet e Aircrack-ng, permitindo pentesting em redes WiFi.

Este tipo de sistema tem um modo livre, o seu suporte web é realmente positivo a ter em conta, e circula online uma importante variedade de conteúdos para começar a trabalhar com esta ferramenta a partir do zero, destaca-se por incluir as seguintes ferramentas:

- **Reaver:** É uma acção que permite piratear qualquer rede através do WPS, especialmente quando se usa o PIN activado, sendo eficaz nas redes que mantêm o WPS activo.

- **Mel Wi-FI:** É uma ferramenta que tem a forma de um favo de mel, causando o efeito de atrair utilizadores, uma vez que estes querem ligar-se a esse ponto de acesso, adquirem esses dados através da implementação de falsos APs, é uma captura desse tipo de tráfego.

- **FreeRadius-WPE:** É responsável por realizar ataques de homem no meio, sendo ideal para autenticação 802.1 como um dos alvos.

Aprenda a desencriptar redes WiFi com Aircrack-ng

A utilização do aircrack-ng deve ser explicada porque é uma das melhores ferramentas, tem uma grande função ou desempenho para hackear redes WiFi, embora para isso seja necessário ter uma placa sem fios, sem deixar de lado a distribuição do Kali Linux, para cumprir com estes aspectos, é estar preparado para levar a cabo as seguintes acções:

1. Preparação de adaptadores

É uma fase de verificação sobre Kali, é a identificação do adaptador, isto é possível através do terminal, onde se executa o comando: airmon-ng, então é tempo de desactivar qualquer processo de intervenção, para isso deve colocar este comando: airmong-ng check kill.

Subsequentemente, a monitorização é activada através do comando: airmon-ng start wlan0, para o qual o nome da interface deve ser identificado, para que a airodump-ng possa ser iniciada, estudando-se assim cada ligação.

2. Encontrar uma rede WiFi alvo

Quando tiver a lista de pontos de acesso próximos, pode implementar a função de decifrar a senha do seleccionado, para isso é importante escrever o BSSID e CH, depois é tempo de premir as teclas Crtl+C, executando assim o comando airodump-ng -c 6 -bssid 02: 08: 22: 7E: B7: 6F - escrever (nome da rede).

3. Emitir um ataque de deauth

É tempo de abrir um terminal, de gerar o ataque deauth, de modo a que cada utilizador seja desligado dessa rede, isto cria um cenário ideal para obter o aperto de mão, uma vez obtido, pressionar novamente Crtl+C.

4. Decodificar palavras-passe WiFi por força bruta

Esta etapa é dedicada à revelação da chave com a ajuda de aircrack-ng, isto deve fazer com que o resultado da KeyFound seja devolvido, tudo depende da complexidade da chave.

O método mais rápido para hackear redes WiFi

O hacking de redes WiFi pode ser executado de uma forma simples, pelo que o principal truque a ter em mente é o programa WiFi Hack 2021 All In One, tendo sido considerado como a forma mais eficaz de quebrar a segurança desta ligação, sendo um programa compatível com Windows, MAC e Linux.

Este tipo de utilitário pode ser utilizado através do Android e iPhone, através de um download que não é totalmente gratuito, isto porque não é um processo simples, e tem resultados reais, por isso é uma solução rápida, eficaz mas não económica para alguns utilizadores que procuram uma forma gratuita.

NetSpot para hacking de redes WiFi vulneráveis

A análise para hackear uma rede WiFi pode ser realizada com NetSpot, uma vez que a sua especialidade se baseia na concentração naquele tipo de rede que tem um nível de segurança inferior, ou seja, todo o foco está naquelas que são protegidas e classificadas como WEP, sendo uma grande diferença na resistência baseada em WPA ou WPA2.

Encontrar redes protegidas por WEP significa que tem nas suas mãos uma alternativa fácil para hacking, porque só precisa de instalar o software apropriado, deixá-lo actuar, e num curto espaço de tempo a rede WiFi será desencriptada, a acção do NetSpot é importante porque aplica uma descoberta como método de análise.

No meio dos relatórios fornecidos por esta ferramenta, apresenta todos os detalhes relacionados com as redes WiFi adjacentes, é uma grande facilidade para ver cada um dos nomes e identificações das redes que rodeiam os seus dispositivos, até determinar o nível do sinal, os canais que emitem dados e a segurança também.

Quando se destaca uma rede com segurança WEP, é altura de demonstrar os conhecimentos de hacking deste tipo de rede, a procura deste tipo de rede foi facilitada por esta ferramenta, que funciona ao mesmo tempo para ajudar a proteger uma rede, avaliando os requisitos de segurança.

Como decifrar a palavra-passe predefinida do router

A importância do router baseia-se no facto de ser a própria fonte de ligações, estas estão expostas a diferentes tipos de malware que procuram tirar partido de senhas fracas, isto deve-se em parte aos utilizadores que não entram no router, ou seja, no seu website, para alterar a senha que fornecem por defeito.

A segurança de uma ligação depende deste passo, a primeira coisa a ter em conta é o endereço IP, já que este é diferente para cada router, e é o que lhe permite entrar na interface de administração do mesmo, esse endereço IP está no mesmo router colocado numa etiqueta.

Mas, este tipo de endereço IP pode ser encontrado através de sites como routeripaddress.com, sendo uma fonte de informação sobre o endereço IP de um router, por isso com alguns cliques, tem acesso a este tipo de informação, o melhor exemplo vem depois do router Linksys, que tem um endereço comum de 192.168.1.1.

No caso do router Belkin, o seu endereço é conhecido como 192.168.2.2.2, para que possa aceder às suas opções de administração:

-10.0.0.1

-10.0.1.1

-192.168.2.1

-192.168.11.1

-192.168.0.1

-192.168.0.227

Ao identificar o fabricante do router, é possível chegar ao fundo das configurações, o que é benéfico para explorar estes tipos de vulnerabilidades, bem como certas ferramentas mencionadas acima, que permitem a descoberta destes dados, o que é importante para se tirar partido do descuido.

A password predefinida para aceder à configuração do router é normalmente "admin", mas também pode usar o Google para encontrar o nome de login e a password predefinida para o modelo e fabricante do router, para que possa obter mais informações para quebrar a configuração.

Falhas disponíveis atrás dos routers

Nenhum tipo de router é imune a vulnerabilidades, porque a nível de hardware e software, especialmente quando não têm um sistema de actualização activo, ainda são vulneráveis e põem em risco toda a rede WiFi. Mais de 127 routers domésticos têm falhas de segurança, causando resultados infelizes.

Para determinar a vulnerabilidade de um router, é necessário ter em conta certos detalhes, o primeiro é a data do seu lançamento, para detectar o tipo de firmware que tem esse modelo, a isto se acrescenta o tempo que tem a versão do sistema operativo utilizada, por outro lado, são as técnicas que o router tem para mitigar o engano.

No mercado, por estatísticas e estudos, foi determinado que 46 deles não tiveram actualizações nos últimos anos, causando uma grande fraqueza a ataques de todo o tipo, sem deixar de lado os modelos que emitem actualizações sem remendar vulnerabilidades conhecidas, pelo que é uma grande margem de opção de hackeble.

As melhores marcas que satisfazem estes critérios são ASUS e Netgear, enquanto D-Link, TP-Link, Zyxel e Linksys, isto porque as duas primeiras marcas têm 13 chaves privadas acessíveis, o que significa que nenhum atacante as pode ter, enquanto que se a chave estiver no firmware, a chave está presente nestes modelos.

Mais de 90% dos routers utilizam o sistema Linux, e este tipo de sistema não é constantemente actualizado, apenas 5% deles têm um suporte de actualização até 2022, mas quando se trata de evitar a compra de um router, destaca-se o Linksys WRT54GL, uma vez que é um dos mais vulneráveis do mercado.

A fraqueza do modelo acima mencionado deve-se ao facto do seu desenho corresponder a 2002, e alguns utilizadores mantêm-no ou mesmo adquirem-no devido ao seu baixo custo, pelo que a utilização de um router antigo constitui um perigo significativo, pelo que, conhecendo a marca do router, é possível determinar antecipadamente a dificuldade de hacking.

Dicas e requisitos para hacking de redes WiFi

Dedicar-se ao hacking de uma rede WiFi é sem dúvida uma acção demorada, mas para que não seja um esforço desperdiçado, pode seguir as seguintes recomendações para realizar um processo eficaz:

• Verifique a capacidade do seu equipamento

É vital ter em conta o tipo de mecanismos que tem de utilizar uma ferramenta de hacking, uma vez que ter um cartão WiFi é um requisito fundamental para um processo com melhores resultados, caso não o tenha, o que pode fazer é ter um cartão ligado via USB.

Por outro lado, além do cartão WiFi, a função da antena WiFi é adicionada para expandir as possibilidades, com melhor sinal há uma maior probabilidade de encontrar uma abertura, ou de que o processo seja gerado com sucesso, sem deixar de lado o desempenho do computador ou dispositivo, para que possa realizar o hacking sem problemas.

• A preferência persiste em relação ao Linux

Embora existam programas e ferramentas para Windows que permitem hackear redes WiFi, é melhor utilizar Linux, não é necessário alterar o sistema operativo, mas pode criar um CD de arranque no computador, para utilizar a ferramenta a partir de um aspecto básico.

Antes de iniciar o processo de hack, pode incorporar um computador compatível com estes requisitos, idealmente os programas devem ser executados na sua capacidade máxima, caso contrário, mesmo que seja a descarga correcta, não gerará os efeitos esperados de revelar uma chave ou atacar uma rede WiFi.

• Considera que a fissuração não é legal

A prática do cracking não é inteiramente legal, especialmente quando se começa a gerar consumo de dados, embora seja um delito legal menor, ou seja, só se expõe a uma multa, mais a maioria das ferramentas são concebidas para auditar redes WiFi, mas com o seu poder, vêm a ser utiliza-das para um objectivo de hacking.

- **A vantagem surge sobre as redes com protocolos de segurança mais baixos.**

No meio da hacking de redes WiFi, o foco deve ser directa-mente nas redes que são do tipo WEP, uma vez que propor-cionam uma ampla vantagem de vulnerabilidade, porque a sua própria configuração antiga é uma vulnerabilidade que pode ser facilmente explorada.

O que fazer quando são utilizados métodos de hacking nas suas redes WiFi

Quando qualquer uma das ferramentas acima referidas cau-sar uma quebra da sua segurança WiFi, é altura de pensar em reforçar todos os aspectos fracos da rede, de modo a que o acesso seja completamente contratado, a imunidade ao hacking pode ser construída após os passos seguintes:

- Configurar a chave WiFi, em vez de se definir por defeito o router, a melhor solução é a de personalizar.

- Modificar o nome da rede (SSID), isto ajuda a evitar que o tipo de router seja facilmente conhecido, impedindo-o de tirar partido das falhas de segurança dessa marca.

- Utiliza criptografia WPA2, esta decisão ou medida procura complicar ou gerar mais tempo para decifrar a chave por meio de algum software.

- Restringir o número ou quantidade de endereços IP, esta atribuição impede a criação de concorrência de hackers, outra opção é colocar um filtro MAC no router.

- Limita a tecnologia que não é utilizada, isto tem a ver com a activação do WPS.

- Tem um firmware que está sujeito a actualização.

- Utiliza uma instalação antiga, tal como adaptação de cabos, sendo uma modalidade muito mais fiável.

A segurança máxima do protocolo WPA3

Face à pirataria de redes WiFi, é vital ter em conta os protocolos de segurança que permanecem sob constante inovação, como aconteceu com o lançamento do protocolo WPA3, que impõe uma grande preocupação para qualquer propósito de ataque, porque as palavras-passe são mais complexas de quebrar.

Vulnerar este tipo de redes sem fios é praticamente impossível, a menos que se consiga obter uma interacção com a rede WiFi, e a utilização de dados antigos não é viável, uma vez que estes estão a tornar-se cada vez mais seguros, ao mesmo tempo, os dispositivos inteligentes são simples de configurar através de WiFi Easy Connect.

Graças a esta actualização, mesmo as redes WiFi públicas tornam-se seguras, tudo graças ao poder da sua encriptação, especialmente quando se procura um ramo especializado, um para círculos domésticos, e outro para empresas, embora se não forem utilizadas senhas longas, ainda haja um grande risco de vulnerabilidade.

www.ingramcontent.com/pod-product-compliance
Lightning Source LLC
Chambersburg PA
CBHW071302050326
40690CB00011B/2497